LAS CONSE CUENC IAS

La Fea Burguesía
POESÍA

Murcia
2024

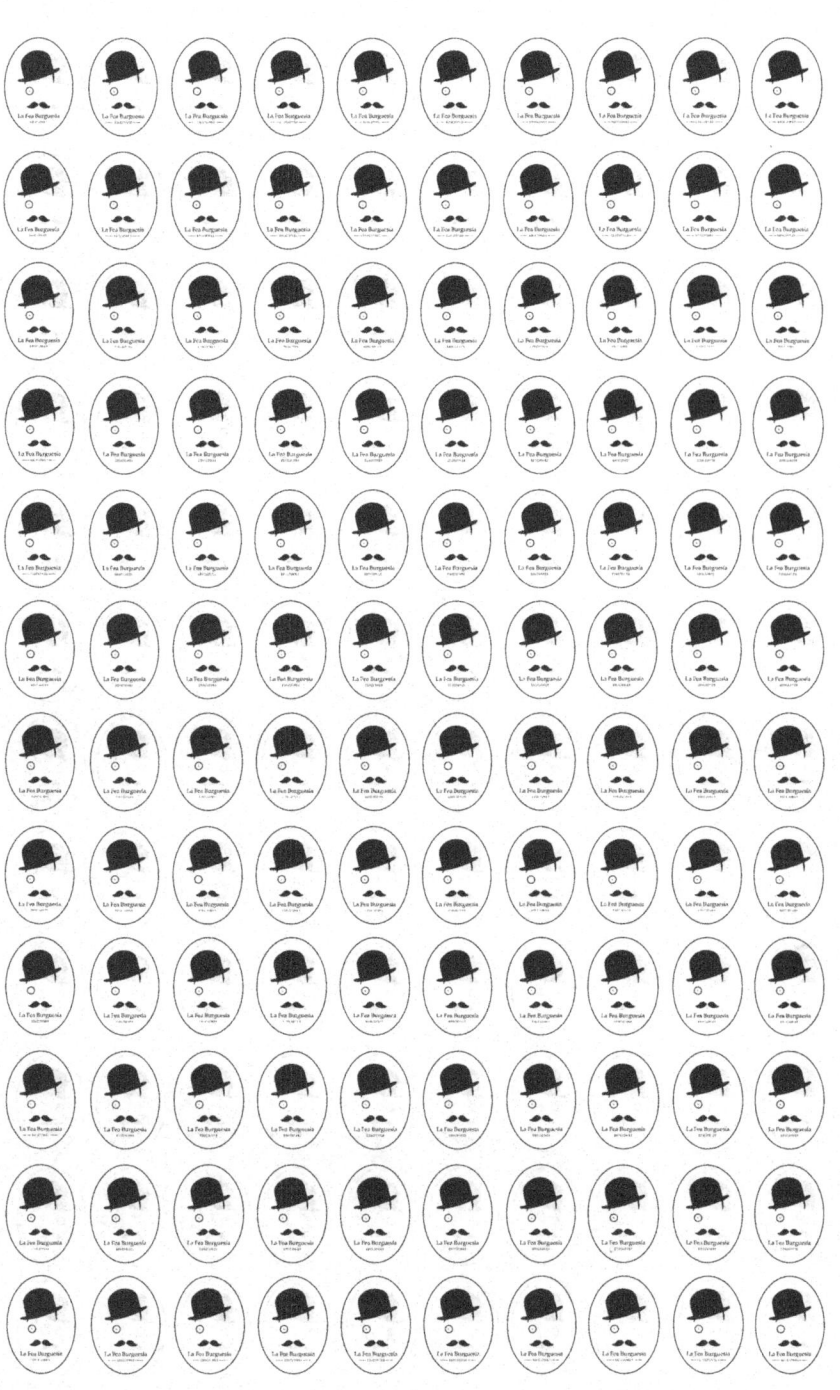

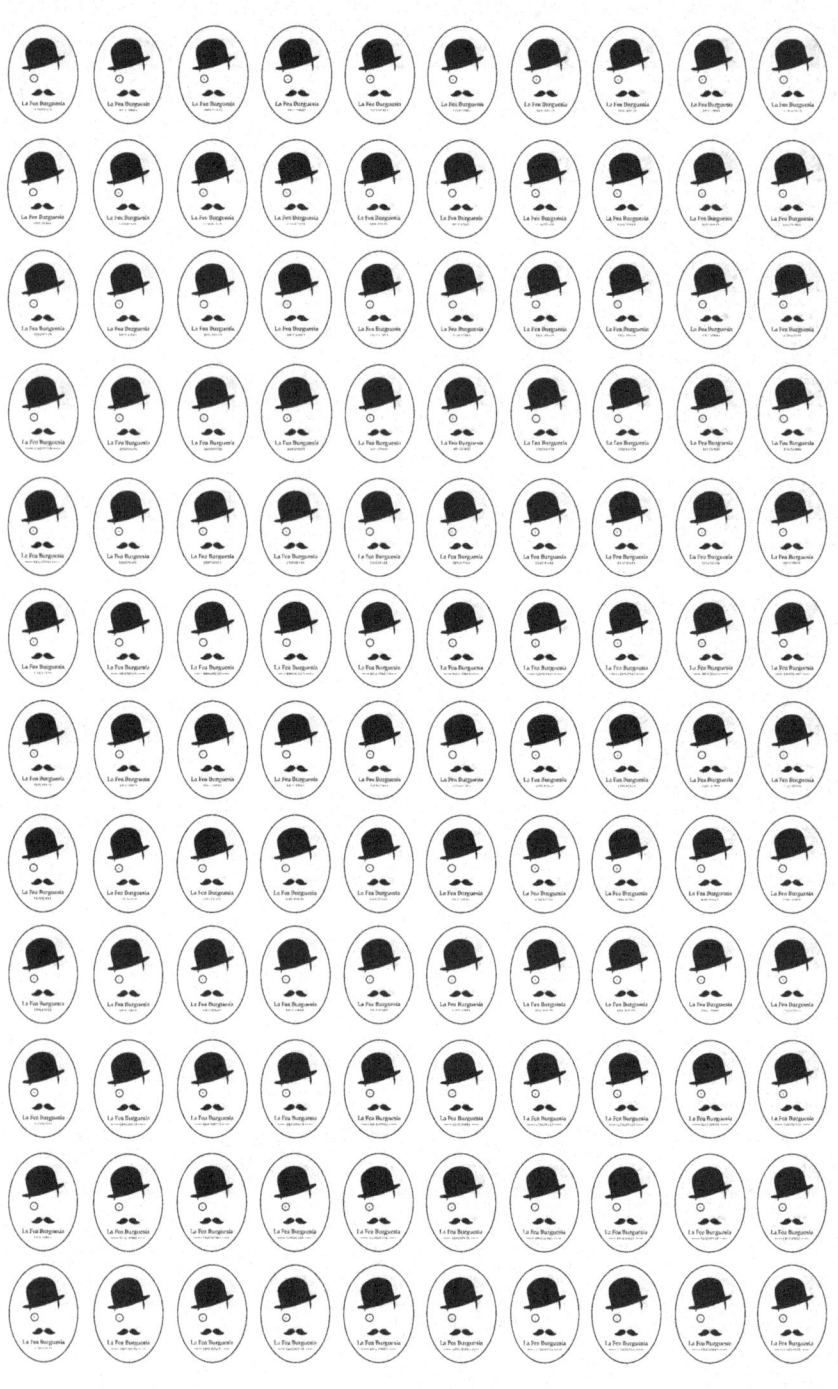

LAS CONSE CUENC IAS

XAVIER RODRÍGUEZ RUERA

PRÓLOGO DE CARLOS PENELA

La editorial es consciente de la necesidad
de los recursos naturales para consumir cultura
y de la colaboración en la conservación del medio ambiente.
Así pues, por la impresión de este libro, ha plantado
una ciprés (*Cupressus*) en el paraje
de El Horno en Cieza (Murcia)

«Las consecuencias»
© Xavier Rodríguez Ruera, 2024
© Del prólogo, Carlos Penela, 2024
© La Fea Burguesía Ediciones, 2024
Grupo Editorial Tres y Libros, SL
Murcia, España.
www.lafeaburguesia.es

Cubierta: Cristina Morano
Maquetación: Fernando Fernández Villa

Primera edición: octubre de 2024
IBIC: DCF
ISBN: 978 84 128591 8 8
Depósito legal: MU 1083-2024

Printed in Spain - Impreso en España

Índice

I

II

III

IV

V

VI

NO RENUNCIAREMOS AL HONDO
PATRIMONIO DE LOS RÍOS

Una nota a *Las consecuencias*

Carlos Penela

Escribir unas palabras a este nuevo poemario de Xavier Rodríguez Ruera podría significar, tal vez, una invitación a entrar, en silencio y sin cargas, al lugar del refugio, a la casa salvada de la intemperie del mundo, al territorio, al fin, de ese decir que acoge y restituye el centro íntimo del lenguaje y la existencia. Así lo expresa el propio autor en esa suerte de breve declaración de intenciones que sirve de pórtico a los poemas que vendrán. Del mismo modo que Wallace Stevens, poeta que yo percibo de manera muy significativa en el sustrato de muchos de los versos de Ruera, este manifiesta de manera decidida una fe en la poesía, en la posibilidad de una ética por medio de la experiencia de la escritura poética e, incluso más, en una ética de la poesía como modo pleno de estar en el mundo.

En primer lugar, diría que este es un libro profundamente connotado por la vivencia directa de la ciudad, de la gran ciudad y, aún de manera más específica, por el acto de observar desde ella, de estar muy atento al devenir de las cosas en un sentido casi baudelairiano del término: *El que observa es un príncipe que se halla en todas partes en posesión de su incognito* escribió el parisino. *Da vertigo pensar, observando / la sombra de los árboles / en las fachadas, en aquellos / que ya no pueden / percibir el encanto rumoroso de estas tardes* escribe el barcelonés en el poema 'Avenidas'. No por acaso apare-

cen a lo largo de las páginas de este libro diversos estilemas y referencias a todo aquel mundo denso y desafiante del París de la Modernidad –que tan significamente
marcó toda la vida cultural y social de Europa–, tal y
como la vieron los viejos poetas frances, románticos
y simbolistas (Gautier, Nerval, Rimbaud, Verlaine, el
propio Baudelaire...). Pero ahora ya no se trata solo de
aquella fascinante y mercurial ciudad de París, sino de
Barcelona, igualmente sugerente y laberíntica, la ciudad
de la infancia, la ciudad de esa metamorfosis dramática
del hombre en hombre, con su gloria y sus caídas. Es
la ciudad del poema, la página en blanco que se ha ido
llenando de signos, sombras e iluminaciones.

En efecto, es un poemario hondamente urbano –al
modo de la escritura de José María Fonollosa y sus excelentes textos de *Ciudad del hombre*, por ejemplo–, pero
no solo en el sentido de simple observación de los paisajes de la ciudad y de su día a día, sino también en el sentido de ser esta la poesía que surge de un protagonista
directo de los abismos y las líneas de fuga de la ciudad.
La experiencia de la ciudad como escenario de la pugna por el sentido de la vida y también como espacio de
desenraizamiento y soledad, con modos de sociabilidad
y de trabajo que endurecen las relaciones humanas y las
hacen más anónimas y opacas, tal y como lo interpretó
Walter Benjamin, pongo por caso, cuando afirmó que
*Para conocer realmente una ciudad es necesario perderse
en ella* (*Infancia en Berlín hacia 1900*). O también: *El laberinto de casas que conforma la red de las ciudades equivaldría a la conciencia diurna; los pasajes (que son las galerías que llevan a su existencia en el pasado) desembocan
de día, inadvertidamente, en esas calles. Pero después, al
llegar la noche, bajo las ciegas masas de las casas de nuevo
surge la espesa oscuridad* (*Obra de los pasajes*).

Eso se muestra de este modo en los siguientes versos de Xavier Rodríguez Ruera: *La ciudad vuelve a ser / un Mar Rojo cruzado / por los carros de sombra*. ('Plaza Urquinaona'), *(...) no he sido capaz de formar un hogar* ('Luces de Navidad') o aún *Muchacho que asustado /aún está. Te veo todavía / construyendo ciudades./ Te comprendo. No ha resultado /sencillo encontrarte*. ('Los bosques de enero'); este último, en mi opinión, es uno de los poemas más íntimos y conmovedores del libro, donde hay un apelo –y también un consuelo– a ese joven que un día fue y que ya no está, o que sí está todavía, pero ya no con sus antiguos propósitos, que fueron irremediablemente devorados por el tiempo.

En relación con lo último que acabo de nombrar, creo que uno de los vectores esenciales de *Las consecuencias* es la noción de la ciudad como topografía del recuerdo y la niñez, de los detalles y los lugares de esa ciudad que un día amamos y que ya solo habita, como una mariposa nocturna, en nuestra frágil memoria, casi como un eco rilkeano, si se me permite... En los versos de Ruera hay una suerte de nostalgia calma y, al mismo tiempo, estoica, de aceptación, ante el paso del tiempo y sus estragos, ante los signos de fatiga que se pueden sentir en las calles de esa ciudad de ayer *(recuerdos cuarteados / por ríos amarillos como el tiempo)*. Curiosamente, el empleo, case sinestético del adjetivo «amarillo», como metáfora del desgaste del tiempo o de la edad se repite en varios momentos del libro, creando así puntos de referencia que afirman la propia poética del autor y sus intenciones. Escribió Michel Houellebecq en su excelente poema 'So long': *El tiempo, el muy viejo tiempo, prepara su venganza*; en efecto, la violencia del tiempo es terrible y colosal, sin embargo, nuestra respuesta ante ese rencor inevitable del vendaval del tiempo podría hallarse, precisamente, en la belleza y el temblor de verdad de la poesía, en la necesidad de la poesía (*La constitución del poema. Por qué nace, y si es imprescindible / que lo haga.*, 'Mercurio', Ruera).

La cotidianeidad, la aparente monotonía de la existencia, como si la ciudad fuese un enorme desierto y el individuo una isla anónima y a la deriva en ella, parece cobrar una especie de aura de sosiego, belleza callada y rara incandescencia con la llegada de la noche, transformándose la vida y la percepción de las cosas en la noche en una alternativa, vital y estética, al territorio diurno de esa misma ciudad. Esto aparece expresado en varios momentos del libro de Xavier Rodríguez Ruera, de manera eficaz y muy expresiva, ahondándose en esa idea de refugio, de calma y de intimidad (la noche), en contraposición con la aspereza de la existencia (el día). Así: *O en noche profunda / cuando la ciudad respira / calma como nido de avispas* ('Atelier'), *De noche la ciudad / es un viejo teatro, un quieto museo, una estación de paso...* ('Existen calles'), *Llega la madrugada / y se esconde en tu pecho / con las alas plegadas.* ('Murciélago').

En ese sentido, y retomando de nuevo la figura de Walter Benjamin y su visión de la ciudad moderna, podríamos hacer uso en este punto de sus palabras, cuando afirma que en la ciudad todo se muestra y todo es observado, para indicar así que el territorio de la noche, tal y como aparece en los versos de Ruera, sería un espacio de intimidad y de refugio, de descanso tras la implacable avalancha y de la ciudad en la vigilia. Podríamos entonces afirmar que la poesía es esa especie de cara oculta y nocturna del lenguaje, donde la vida prosigue cuando todos callan o cuando todos han cesado, por un instante, de ejercer la mentira. El poema sería, pues, ese pequeño país –que solo es posible conquistar con la elocuencia y la belleza– preservado de la hostilidad del mundo y de la destrucción del idioma, tal y como, creo, le gustaría pensar al genial Karl Kraus.

Quisiera hacer mención especial a la sección segunda del libro, pues, aunque breve, considero que en ella el poeta ha logrado algunas de las imágenes más hondas y hermosas de este poemario, siendo varios de sus versos, a mi entender, epítomes perfectos del estilo de Ruera y su propuesta poética. Algunos ejemplos de ello serían: *Epifanía / La página en blanco. Su belleza. El frío de octubre / realza el brillo / de los planetas. No podemos tener idea de la nieve.* O aún los excelentes *No podemos saber / qué significa pertenecer / al hondo patrimonio de los ríos, / nombrar a cada árbol / por su nombre.* Son versos, ciertamente, de gran calidad estética y conceptual, que a mí me hacen recordar, por momentos, a esa observación del tiempo y la naturaleza que está en el centro de la obra de un autor como Michael Hamburger o a esa cadencia reflexiva y densa que encontramos en tantos poemas y aforismos de Wallace Stevens. Considero que el estilo de Xavier Rodríguez Ruera, que ya ha alcanzado una madurez y un aplomo que, sin duda, le permitirán nuevas travesías y errabundias estéticas, camina entre la reflexión sobre la cotidianeidad y la metapoesía, entre el lenguaje más directo y la exigencia formal y cuidadosa del idioma, y entre la exposición de lo íntimo convertido en poesía para confrontar el mundo y la experiencia exterior del mundo convertida esta igualmente en poesía de gran valor para acometer el desafío de llegar el centro mismo de quien la lea.

Llegamos ya al final de esta breve nota sobre *Las consecuencias*, poemario que tantos caminos hermenéuticos abre y que tantos temas esenciales al decir poético aborda. En este recorrido por las páginas últimas del libro constatamos cómo, de algún modo, la ciudad inicial, más acotada y familiar (la Barcelona del pasado y de la infancia, la de los nombres próximos) se amplía en las secciones cuarta y quinta del poemario, transmutándose en otras ciudades y países de la experiencia y de los viajes a través de la vieja Europa (Bucarest, París, Irlanda, Nápoles...), lugares por los que la voz poética transita ahora a modo de *flâneur*. Se captan de manera muy acertada matices y referencias de esas otras ciudades, las cuales, en realidad, forman parte del mismo cartulario vivencial, con coordenadas estéticas y éticas muy semejantes, suscitando reflexiones y metáforas que no nos resultan ajenas. Así, en el poema 'La luz en el espejo' se refleja, a modo casi de écfrasis, el sentido de la música de Schumann y del mundo romántico alemán, en versos tan hermosos como estos: *De este lado de aquí, la sala está vacía: / solo Schumann / y la mañana blanca / pesando en sus dos ojos / como un soplo de luz en el espejo.* También reaparece la reflexión sobre el paso del tiempo y la presencia de la muerte imponiéndose a la gloria pasada en el poema 'Los reyes de Escocia', cuyos magníficos versos me recuerdan a otros de W.B. Yeats y de Zbigniew Herbert, verdaderamente definitivos por su perfección formal y su hondura: *Un viento oscureciendo las olas, / el brillo fugaz de una luz moribunda, / estremecida, en unos ojos. Quizás un llanto. Después la Historia.*

Finalmente, el colofón del libro está compuesto por tres textos en prosa poética que suponen, de algún modo, además de un regreso a aquellos veranos altos en la ciudad de los prodigios de la juventud y de la infancia, también una despedida a los mismos, despedida que se formula con reflexiones, podríamos decir, de naturaleza metafísica, sobre el paso del tiempo, la edad, la muerte o la belleza ajada (*¿Queréis decir que permanece alguna clase de rastros que el animal que somos pueda perseguir más tarde por el cielo?*). Creo que este es el mensaje último de *Las consecuencias*, un poemario que toma el nombre de unos sus poemas, el cual termina así: *Las consecuencias estaban aún por explorar.* Las consecuencias, en efecto, del paso del tiempo y de lo impredecible de la existencia que convierten la propia vida, de algún modo, en una suerte de proyecto en suspensión, en una tarea en curso o, tal vez, en un mito irrealizable…

Sin embargo, entre tanto, aún nos queda la poesía, aún nos queda la palabra para anclarnos de manera más digna y más bella a los días que ya fueron y a los que vendrán. Estos poemas de Xavier Rodríguez Ruera, poemas de un autor con oficio absolutamente maduro y sin falsos efectismos, nos pueden ayudar en esa tarea esencial. Porque no es posible renunciar a ello, no es posible renunciar, en ningún caso a la poesía, al hondo patrimonio de los ríos.

En cierto modo, en un determinado aspecto, los poemas de este libro hablan del intento de construir una ética, un espacio personal que no dependa en demasía de los otros. De hallar un lugar donde alzar refugio, mansión, cabaña o casa desde la libertad. Conquistar una parcela y cultivarla, y por precaria que parezca, en el reino de lo posible.

Pues es únicamente al ejercerse desde ese espacio, que la comunicación con los otros deviene fértil. Entendida de ese modo, poesía es construir un hogar, un lugar al que poder regresar.

Xavier Rodríguez Ruera

Recobra tus palabras de las manos errantes del relámpago.
Yves Bonnefoy

Y no es a descansar a que vinimos:
a remover el lodo que nos cubre
para que otros levanten el error hecho cuenco.
Aníbal Núñez

Al niño y al muchacho que fui, que soy.

I

LA PUERTA

Hay una puerta que,
cuando se abra,
dejará pasar, invasora,
la luz. Será
otra vez como el comienzo
de vacaciones cuando niños,
futuro otra vez blanco,
en movimiento, rumoroso.
Serán las estructuras
enterradas alzadas
de nuevo construyendo
tiempo. Temblando
abajo las aguas grises
que dejamos pasar,
rostros en cada piedra
que nos interrogaban.
Tejados de pizarra
en que resbalan los rayos
de lunas húmedas, estáticas.
Zarzales donde cantan
los ruiseñores melodías
exactas.

BARCELONA, AGOSTO 2017

Os ponéis a correr
como en la infancia,
cuando no se sabe nada,
azuzados por los perros del miedo.
Nunca saber, solo correr
para salvar vuestras vidas.
Se acabaron los largos años
de dudas y especulaciones.
Un dios terrible
asoma el rostro. Origina
un teatro salvaje, existencial.
Los zapatos trituran
los cristales de las gafas
de sol caídas en desgracia, olvidadas
en el suelo.
Viejos portones de madera
cuyos goznes oxidados chirrían
al cerrarse precipitadamente.
Una paloma cruza
las galerías interiores. Hiel
resbala por su pico. Helicópteros
vuelan tan bajo que sus aspas
alzan papeles en el suelo, doblegan
setos ornamentales.

En el metro dos mujeres
del mercado relatan asustadas
los acontecimientos.
Llegas a casa. Pasas la noche
temblando aún sobre la cama,

                      solo.

LENTITUD DEL RECUERDO

Un pájaro se posa
en la rama de un árbol:
fugaz, su tiempo
es otro.
Vibra la rama
al levantar el vuelo.
Y el ojo lo persigue,
y el pájaro no está.

EL MENDIGO DE PLATA

Lame la lluvia
la piel blanca
de los cristales.
Cae la lluvia
sobre las estatuas
de los jardines interiores.
La soledad no es más
que el viejo disfraz
gris
con que oculta
sus llagas
ese mendigo que llamamos
tiempo.

AVENIDAS

Sales a pasear y ves las largas avenidas,
las bicicletas desancladas,
aquella plaza que forma un eje,
tiendas que configuran
el entramado de una ciudad lujosa.
Da vértigo pensar, observando
la sombra de los árboles
en las fachadas, en aquellos
que ya no pueden
percibir el encanto rumoroso de estas tardes.
La única verdad de cuanto existe,
la sombra de las ramas de los árboles
susurrando, mecidas por el viento,
un mensaje secreto.

LOS RÍOS AMARILLOS

Un hombre debería morir
tras perder la gracia.
Y sin embargo vive,
toma el metro cada mañana,
lo ve desenrollarse ante sus ojos
como serpentina
de una fiesta que ha perdido el interés,
su magia.
Encaja con constancia
los golpes que le propina la ternura,
sonríe y recoloca a cada instante
recuerdos cuarteados
por ríos amarillos como el tiempo.

PLAZA URQUINAONA

Retrocede la memoria
hacia lugares que transcurren
rápido. Agua precipitándose
por escaleras del metro.
Escucho
madrigales de Monteverdi
en Plaza Urquinaona mientras
espero una llamada.
Pienso en las puertas
que abre una mano inesperada
posándose en un hombro.
Fluyen ante los ojos
súbitas instantáneas de vida
compartida. Después
vuelve a cerrarse la vulva
seca de granito y de hielo.
Calla la música.
La ciudad vuelve a ser
un Mar Rojo cruzado
por los carros de sombra.

DEL MITO AL LOGOS

Pierde un absoluto,
y el primate tiembla
bajo un cielo en que la piedra
señalada con índice robusto
lleva el nombre de Luna.
Las pupilas azules
del jaguar resplandecen
en la calma de la tarde.

ATELIER

Nos cuesta rozar con los dedos
anhelos de trascendencia,
formas resplandecientes,
puras bajo la luz matinal.
O en noche profunda
cuando la ciudad respira
calma como nido de avispas.
Si caminando por el suelo
lleno de cenizas del taller
todo lo observábamos de mano
del artista, la luz movediza
en los techos y espejos
hacía intuir
la fértil proximidad del mar.
Entonces, entonces
peinando y pintando
dulces momentos
en la hora acostumbrada,
tendríamos suficiente
motivo para sonreír
y adorar anillos con serpientes,
descanso
de quien sabe que lo aguarda
tras el umbral la nueva vida
con escamas púrpura
adheridas a la piel.

Como el pintor que faena
en el taller, el viejo sabio
que lleva mi nombre me ha hecho pasar.

COMO UN POEMA DE WALLACE STEVENS

Hay un paisaje frente a mi ventana
como un poema de Wallace Stevens.
El amanecer dorado de invierno
hiere los edificios
desde lejos. Una paloma,
teñido aún su plumaje
por violetas y azules tiernos,
trepa con un saltito a la azotea.
Si escribo ahora te echo de menos
o muchas veces pienso en ti, incorporo
las sombras que a menudo habitan
la mirada y los paisajes desde dentro.

LUCES DE NAVIDAD

No estar abierto siempre.
Una ventana
mal ajustada deja pasar
demasiada realidad.
Las paredes desnudas,
papeles, libros encima
de la mesa. Un árbol
de plástico con luces
encendidas. Por la ventana,
las azoteas, el mar naciendo
siempre con su brillo metálico.
Fluorescentes que parpadean
en el rellano. El cartel
con mi nombre en el buzón
a punto de caer. No he sido
capaz de formar un hogar.
Vivo como un salvaje
que paga lo que compra
con tarjeta de crédito.

CALAVERAS

Me preocupa el rastro
que dejan las pasiones
amargas en el cuerpo.
El contacto fugaz
o prolongado con la angustia,
con el odio, con la envidia,
con el rencor, con el metal
hirviente de la duda
que todo lo devora.
Qué isótopos, qué átomos,
liberadas moléculas
que corroen la cal con su óxido,
que disuelven la carne
con sus ácidos.
Que pintan calaveras
en las puertas del alma.

SOL

Here Comes the Sun.
The Beatles

Qué mala noche
he pasado. Brilla
en la ventana
el sol amarillo de los alquimistas.
Ilumina mi rostro
mientras me miro
en el espejo, me da
tibieza, apoyo. La noche
en retirada. Tropieza
en el alféizar, con alas
de ceniza, una paloma.

LA VERJA

Una figura de bronce
en un parque, en actitud
de espera. Abierta
de brazos y de manos.
Su azulada
estructura ha ido cubriéndose
con blancos, óxidos,
líquenes y musgos.
Como cada
día, a esta hora, el guarda
cierra la verja.
Faroles entonces
a cada lado de la noche.

Nadie llega.

LAS CONSECUENCIAS

Cuando ibas a coserte
la espalda
a aquel ambulatorio
cada domingo por la mañana.
Luego te sentabas a comer
un bocadillo
en aquella terraza bajo el sol.
Leías a Sartre
antes de regresar a casa
desandando siempre los mismos caminos.
La aguja apenas
había punteado el borde
de la brecha. Las consecuencias
estaban aún por explorar.

II

Epifanía. La página
en blanco. Su belleza.
Se agitan al fondo
fugaces momentos
de la infancia. Gestos
que repetimos pasados
los años. Cordón
umbilical que nos
ata al mundo.

                              Ahora recuerdo,
                              con cierta ternura
                              los años en que traté
                              de que arraigara
                              el método en la maceta
                              de mi inteligencia.

El frío de octubre
realza el brillo
de los planetas. Las estrellas,
no sofocadas por el lento
verano, ni borradas aún
por el pesado invierno,
danzan caleidoscópicas,
guirnaldas
en la frente del año
que va a ser sacrificado.

No podemos tener
idea de la nieve. Heredamos
descampados, horizontes
de fábricas que crecen,
trenes que atraviesan
–relámpagos de viento
y de cristal– el subsuelo.
No podemos saber
qué significa pertenecer
al hondo patrimonio de los ríos,
nombrar a cada árbol
por su nombre. Únicamente
imágenes de cuerpos
transportados de un punto
a otro de la ciudad.

Poesía es sorprender
una conversación
que en algún lugar
del tiempo continúa
sosteniendo aquel niño
que muy pronto
sintió el temor de estar solo.
Y poblaba las horas
de imágenes del mundo.

Ese niño no es el *child*
de Blake, ni Cristo niño.
Ese niño no existe,
pero tú lo alimentas
proyectando hacia atrás
fragmentos de memoria.
Hazte a un lado
para poderlo contemplar.
Sin él, que viene
hacia ti con los brazos
cargados de regalos,
poco podrías hacer.
Es mucho más que tú.
Eres tú, tu hijo, tu padre
y tu hermano.

III

ESPIRAL

Viajo melancólico
por un país en que son
de arena las columnas,
y en que los pájaros,
tiznadas sus alas por el vuelo,
regresan cada tarde a casa
cabizbajos, con un periódico
gris doblado bajo el ala.
Los niños despiertos
chapotean en los charcos
con sus botas de agua.
Los más afortunados
recogen moras en las zarzas,
o ven al caracol cruzar
la hoja con el lento
cabeceo de los barcos,
dejando tras de sí estelas de plata.
Sobran entonces motivos
parar pensar
que la pared que nos separa
de la infancia es frágil
como la página que la escritura
recorre en espiral.

MERCURIO

La constitución del poema.
Por qué nace, y si es imprescindible
que lo haga. Qué momento
de incertidumbre describe,
en qué momento del tiempo
se coloca, como puerta
que marcara el límite
entre la noche que acaba
y el alba que comienza.
Brillan aún en la pupila
de la ciudad puntas de luz,
ventanas o farolas, hospitales
donde una mujer sola
se mesa los cabellos,
o un hombre solo
hunde su rostro entre las manos.
Lejanos puntos rojos
que indican la frontera
donde termina el parque
y da comienzo el bosque.
Antenas como lejanos faros
iluminados que parpadean.
Autobuses que arrastran
a un solo viajero que dormita
con la cabeza apoyada en el cristal,
algún trueno lejano como piedra
rompiéndose.

Un diminuto pájaro
hiende el aire
buscando
las negras cerezas
que crecen suspendidas
sobre charcos de azogue.
                    Las últimas cerezas.

RETABLO

Santa paciencia
la que pongo en todas
mis cosas.

          Aquí los envidiosos
          que desollaban a Jesucristo.

Aquí las tablas
clavadas una a una
en el suelo.

        Aquí las voces
        que recomendaban prudencia.

Aquí el rostro
de aquel adolescente
con camisa a cuadros
el día que se hizo su primer
documento de identidad.

          Aquí las enfermedades
          de carácter nervioso.

Aquí la lógica simbólica.
El principio de identidad.
$a=a$. $b=a$. $a=b$.

          Aquí la ciudad
          de los tejados ondulados.
          El cielo embarrado.

Aquí algún rostro
material, maternal,
azul que nos dice
que no pasa nada.

Aquí el tiempo
en esos árboles del parque.
Amarillo, incandescente,
muerto.

Aquí los cuartetos
que preparan una forma
para la poesía
que todavía no ha llegado.

Aquí Nietzsche
modulando los caballos
de potencia. La locura
desajusta las tuercas.

Retirar los pasos
del lugar donde
no acudió. No
esperar más.

Costilla con lentejas
en el plato de peltre.
Vaso agua jarra
de cristal cincelado.

Herencia. ¿Qué
esperabas? ¿A
quién? Aquella
grieta como un abismo.

La idea de progreso
se detiene. Brotan
margaritas entre
las ruedas del carro.

Ira azul.
¿Por qué deberíamos
pensar
que esos enfados
se han esfumado?

Los pabellones
se enseñorean de los muros.
Hemos logrado
construir una ciudad.

A Yves Bonnefoy
Taller diminuto
del pintor. Oro
cincelado. Ámbar,
esmaltes, piedras
preciosas.

VIEJO EN EL JARDÍN

En noches silenciosas,
el golpear de un fruto
sobre el suelo. Alejado
del ojo de los hombres,
cuarteada su piel, cubiertas
sus heridas por el manto
del rocío, ha puesto en marcha,
sin saberlo, la febril industria
de la hormiga, el blando
instinto del gusano, la pupila
cromática del pájaro.
Desparramadas, como
canicas de colores en el cuarto
del niño, las semillas
se hunden en el suelo. Lunas
y soles, lluvias y paz santa
harán brotar quizá un repunte
tierno, como verde
manita de rana con ambición
acuática. Rodarán por el cielo
las estaciones como anillo
de oro.
El viento
recorrerá los senderos con sandalia
desnuda.

La vieja serpiente
dejará en los arbustos jirones
de su túnica.
Colgarán de las ramas nuevos frutos.
Más tarde, una mano
se alzará para alcanzar una manzana.
Comenzará el cómputo del tiempo.
Bajo un cielo con nubes de borrasca,
pasea un viejo con la barba blanca.

LOS BOSQUES DE ENERO

Muchacho que asustado
aún está. Te veo todavía
construyendo ciudades.
Te comprendo. No ha resultado
sencillo encontrarte.
Quise perderme con el viento.
Abrí ventanas imposibles
de cerrar cuando más tarde.
En cada rostro, un hogar
donde creí poder permanecer,
quedarme.
El frío dentro. El fuego
afuera. La soledad.
Hoy he venido y te he hallado
íntimo, aquí, conversando
con los obreros que transportan
palabras.
Hoy quiero decirte
que puedes descansar.
Traigo piedras, cristales,
maderas puras que he recogido
para ti en los bosques de enero.

IV

He soñado en la gruta donde nada la sirena.
Gérard de Nerval

VI

EXISTEN CALLES

Existen calles
que bajan hacia el centro,
y se llenan, de noche, de luces
programadas.
Naufragan en la bruma
las casas, las fachadas,
como los mástiles
de un barco a la deriva,
de un galeón fantasma.
De noche la ciudad
es un viejo teatro,
un quieto museo,
una estación de paso
donde se representa un drama
cuyo asunto es el tiempo,
y donde únicamente el corazón
paga su entrada.

MURCIÉLAGO

Pasas la noche intranquilo
sobre el lecho.
La soledad es fuego
de voces extrañas.
Sales al balcón.
Asusta pensar que la ciudad
a esta hora es un murciélago
extendiendo sus alas
desde el alféizar de un terrado.
Laten en la distancia
señales, luces rojas, semáforos.
Llega la madrugada
y se esconde en tu pecho
con las alas plegadas.

LA LUZ EN EL ESPEJO

La música de Schumann,
la que transcurre
al otro lado del espejo,
la que refleja, con íntima
estatura, la luz de una locura
que es tierna, pura, y hace
sonreír al público
que llena
aquella sala, la sala
de las sombras y los aplausos
huecos, los reconocimientos,
la sala de los muertos.
De este lado de aquí,
la sala está vacía:
solo Schumann
y la mañana blanca
pesando en sus dos ojos
como un soplo de luz en el espejo.

GATOS DE BUCAREST

Flores que nacen
en los jardines abandonados.
Tienen suficiente
con el poco de lluvia
que cae de vez en cuando
sobre los amarillos fanales
de olvidados suburbios.
La vieja
con un pañuelo de colores
en la cabeza da de comer
a los gatos, que aguardan,
cautos, bajo los coches.
Mañana todos habrán
olvidado la lluvia
que llora mansamente
la niebla en el asfalto.
Las flores, ligeras, abriéndose
como campanillas
brillantes en el aire limpio.
Callará el fanal apagado,
con la cabeza gacha
como el soldado de plomo
que duerme en una caja.
Crujirá bajo los pies la grava.
El gato rubio que toma
el sol en el alféizar
               atiende ahora la señal.

CRISTAL BISELADO

Si viniera un ángel ahora,
súbito, a lo Rilke,
lívido, transparente, aborrascado,
o como los refieren
los retablos, también
terribles, alas
blancas y grises como el cielo.
Y de repente te dijera:
Déjalo ya. No escribas
más, todo ha acabado.
Y contemplaras
a la vez descender
una gota de lluvia
minúscula por el cristal biselado
hasta precipitarse en el serrín.
Y sintieras eclosionar
en tu cabeza la blanca flor
del tiempo, la flor
de la definitiva primavera.

PLOMO

Jules Laforgue

Tarde fría en el invernadero
con los cristales rotos.
Pensamiento blanco
propagando ingobernable
sus incendios.
Acabas de decidir
que abandonas los estudios.
Humea una infusión sobre la mesa.
Cada calada al porro
ennegrece tus ojeras.
Cada minuto
pesa como gota de plomo.

EL DIABLO Y LAS CAMPANAS

Cambia la luz. Podrías
absolverla ahora
que tiritan los tigres
atravesados por lanzas
muertas. Podrías
acudir al cristal
y su ojo azul para bruñirlo.
Suplicar al plomo
que custodia las ventanas
para que las figuras
representen verdes
santos, apóstoles, colinas.
De rodillas quejarte sin creer.
Arremeter contra los cálices,
dar puntapiés a las columnas,
desgarrar las cortinas ajadas
que velan un misterio.
Y sin embargo, ¿adónde
irías luego?, ¿dónde,
señalado, esconderías la espada?
¿En qué mazmorra oculta,
en qué sótano incendiado
por el chillido rojo de las ratas
podrías ovillarte hasta morir?
¡Ah! Deja que te acompañe.
Doblan las campanas,
                    pero no son por ti.

OPIO

Nadie. Nadie en ningún
lugar, y cuando aquello,
nadie.
Caminas por el puerto,
es casi medianoche.
Frío intenso. La noria
está parada, brillan
en Montjuïc algunas
luces, gotas de sudor
en el hocico de un perro.
Echas cuentas
mientras fumas un cigarrillo
en el balcón.
Tiemblas de soledad
bajo las mantas. De madrugada,
sientes ganas de mear. Te incorporas
y te diriges al lavabo. Te duele
un pie. Haces broma
repasando la lista de los cojos
ilustres de la literatura.
Vulcano, Edipo, Filoctetes,
John Silver el Largo
con su muleta golpeando
la cubierta del barco.
Sonríes. Cierras los ojos
y tu respiración se acompasa.

Logras dormir un rato más
antes del alba. Otra vez
te han hecho efecto
la ficción y sus viejos opiáceos.

LA NATURALEZA DE LAS COSAS

Lucrecio

Pasan por la calle, cerca
del cuarto donde, afiebrado
y a la luz de una vela, el hijo
de Caro disuelve y recompone
en átomos la materia, voces,
carros, gritos, sombras.
La luz lejana de un Oriente
en Cristo apenas moja sus pies
de niño tierno en una orilla.
El alma es soplo, pasión
que el auriga debe gobernar
para que los ejes no sucumban
bajo el peso. Hay jinetes
sobre caballos blancos que flotan
como polvo en jardines olvidados.
Muros que flanquean huertos
donde la hoja lustrosa de la luz
clava un puñal en frutos rojos.
Y el agua clara de una fuente
que brota incansable, sin historia,
sin arrepentimiento. En un mundo
agrietado, la respuesta será ética,
o no será. Luna en rayos
derramándose en la tormenta quieta.

CANCIÓN SENCILLA

Théophile Gautier

Hay unos dedos
al margen que interpretan
al piano una canción.
Una canción que nadie
puede interrumpir
porque sucede
en una dimensión del tiempo
invulnerable
a todas las circunstancias
de la vida.
Una canción sencilla
como hoja que cae,
como la voz que tiembla
diciendo adiós
a todo lo que podría haber sido
y no fue, o que si fue
los tiernos dedos
al margen lo recogen,
lo incorporan y escriben
esta canción sencilla
como hoja que cae.

GIGANTE-JARDÍN

Un gigante-jardín,
eso es el tiempo.
Calza botas
que trituran cristales
a su paso, arranca
rosas en rosales
que tiemblan bajo enero.
Y se aleja silbando
alegremente, haciéndonos
creer que quien pasa
es el viento.

BOLSA CON PAPELES

Antigua ensoñación,
convertirme en uno de esos viejos
señores de París
que comen solos
en cualquier restaurante.
Sentados en el mismo
rincón de siempre,
con negro lazo de corbata,
deshilachada camisa blanca,
mentón mal rasurado, sorben
la sopa, roen pedazos
de pan, leen periódicos
atrasados con ojos
grises cubiertos de niebla.
Apuran la copa de coñac,
se despiden y salen por la puerta
llevando una bolsa llena de papeles.
Un día no vuelven. Ni al siguiente.
Ni al otro. Nuevos clientes,
turistas de paso, ocupan
su lugar. Nadie pregunta
por el viejo señor de pelo
blanco, zapatos sucios
                    y los ojos nublados.

LOS REYES DE ESCOCIA

Sepultados en sus panteones,
esculpidos en el mármol
de las tumbas. Con coronas
de madera polícroma que pudre
el tiempo. Encogidos,
cuesta creer que cupieran
en tan diminutos ataúdes,
que llevaran en el cuerpo
heridas de tan cruentas batallas.
Lavar el cadáver, enfundarlo
en el sudario de blanco lino.
Mediodía, o media tarde,
y los ancestros de los pájaros
de hoy cantando en jardines
olvidados.
Un instante de la historia
del mundo en un lugar.
Un viento oscureciendo las olas,
el brillo fugaz de una luz moribunda,
estremecida, en unos ojos.
Quizás un llanto.
                    Después la Historia.

BAJO EL SIGNO DE NERVAL

Gérard de Nerval se anuda
un lazo al cuello, una noche
húmeda y fría de París.
La luna verde ennegrece
cada piedra, y el cielo endurecido
devuelve los roncos ladridos
de los perros, rojas pelotas
golpeando una pared.
Una noche
negra y solitaria cerca del Sena.
Tiembla la llama de un farol.
Ningún ladrido ahora.
Ni preguntas ni respuestas.
El alba lustra ventanas distantes.
El Príncipe ha muerto. Ya todo da igual.

EL BOSQUE DE LA CARNE

En tot lleig fet hagué lo cor salvatge.
Ausiàs March

Amor es el dios forestal,
el amo del bosque,
el señor del lugar.
Restos de fogatas, huesos,
ropa interior, revistas
pornográficas en el claro
donde otro amor, dicen,
pastorea el lenguaje. Cuelgan
de las ramas caballeros
que se quejan, armaduras
que resuenan con el paso
del viento.
Nunca podrás salir
de este bosque.
Querer salir es añadir
desgarro al desgarro
de la carne.
La forma más sutil
que tiene el amo
del bosque de castigaros.

V

CIELO DE BARRO

Estaba lloviendo sobre Nápoles,
y veníamos de hablar
de asuntos, cosas,
que no vienen al caso.
Si es cierto lo que afirma
Pessoa, aquello suyo
tan controvertido
acerca del poeta
como fingidor, yo,
que fui un niño de los años
ochenta
aficionado a los deportes,
llevo esta afirmación
a mi terreno diciendo
que el poeta es como el jugador
que esconde tras
las medias las heridas,
las lesiones, para poder disputar
la gran final, que es el poema.
Llovía absurdamente sobre Nápoles,
y un hombre, una mujer,
recorrían las calles, sorteaban
los charcos cogidos de la mano.
El cielo era de barro, las viejas
avenidas eran agua y eran piedra,
almacenes de saldos, sastrerías
antiguas,
joyerías y teatros cerrados.

Una estatua de Dante
presidía la plaza
donde el frío y el mármol
daban sonoridad y luz
a su perfil de pájaro.
Un hombre, una mujer,
protegidos por un solo paraguas,
ven llover sobre la estatua blanca,
sobre los toldos inundados,
sobre los negros tejados de las casas.
La tarde ha arrastrado
hacia la playa tablas podridas
y algas remotas. El cielo
se entreabre, ha parado de llover.
Un hombre, una mujer,
cruzan abrazados por debajo
de los arcos
recitándose versos
y cantando canciones.
El vino, áspero y fresco,
convierte la noche que ha llegado
                              en un lugar amable.

VI

¡Adiós, viva claridad de tan breves veranos!
Charles Baudelaire

estamos separados de aquel gran cuerpo del verano
preñado de rumores naturales ecos secos resinas
secas cigarras matorrales la almena de un castillo
el mar azul al fondo siempre esperando como
un padre en plenitud que lleva el peso de las olas
mofletudas sonrientes sobre los hombros

la tarde violeta encendía un tizón para incrustarlo
en el ojo palpitante de la noche plegado en millones
de párpados estrellas la luna azul recorría los
senderos del bosque acompañando al chaval

que descendía a la ciudad donde las luces de los
bares cuajaban susurraban diademas diamantes
dedos nerviosos quitaban el celofán al paquete
de cigarrillos el corazón por estrenar cada noche
veinte momias veinte disparos rubios secos ni uno
más

la cerveza caliente de aquel pub regresando a casa
tenía arena en los bolsillos cruzaba el bosque restos
carbonizados de una hoguera los gitanos de paso
habían levantado el campamento

la luna retrocedía horrorizada incapaz de soportar
tanta belleza.

Seréis como dioses.
Gén. 3,5.

Vamos abriendo, depositando la muerte en otro lugar, recubriéndola de carne y esferas.

Pero hay hechos esenciales de los cuales la mente se aleja, secreta semilla, nuestra muerte.

¿Queréis decir que permanece alguna clase de rastros que el animal que somos pueda perseguir más tarde por el cielo?

Fijaos que detrás de las paredes suenan vibraciones como el chillido de golondrinas que un oído muy fino, en mañanas muy claras, puede aún escuchar.

Tras los espesos muros del espacio y el tiempo, los verdes prados donde nuestros padres son todavía niños, y el anciano con los cabellos blancos, silbando una cancioncilla, planta manzanos en compañía de una pequeña y risueña serpiente con los ojos brillantes.

Marchaba tras las huellas de la diosa.
Homero

Ves alejarse en la tarde a una mujer que está sola, que sale del supermercado, elegancia y belleza recogidas en el cabello rubio sujeto por una pinza ladeada y el pie perfecto asimismo un poco ladeado al posarse en el paso, ballet o pájaro. Esbelta, camina sola, despreocupada, con la cena que transporta en una bolsa de trapo al hombro. Pasará probablemente a solas la noche del sábado. No necesita mayor compañía. Ella que tuvo a tantos. El bochorno húmedo de la tarde se la traga mientras aprieta un poco el paso para aprovechar el semáforo en verde que parpadea en la Gran Vía, y su bella cabeza de diosa descendida gira de vez en cuando hacia los lados para atender el reclamo de los escaparates de las tiendas, ella que cree haber visto tanto que nada la sorprende.

La Fea Burguesía
— EDICIONES —

Este libro, *Las consecuencias*,
se acabó de imprimir en octubre de 2024

COLECCIÓN POESÍA

OTROS TÍTULOS

30. *HAIKUS AL MAR MENOR*
de VARIOS AUTORES
Rústica con solapas, 214 páginas.
ISBN: 978-84-128591-1-9
PVP: 12,00 €

OTROS TÍTULOS

31. *LA RABIETA DE WENDY*
de MARIÁNGELES IBERNÓN VALERO
Rústica con solapas, 66 páginas.
ISBN: 978-84-128591-2-6
PVP: 12,00 €

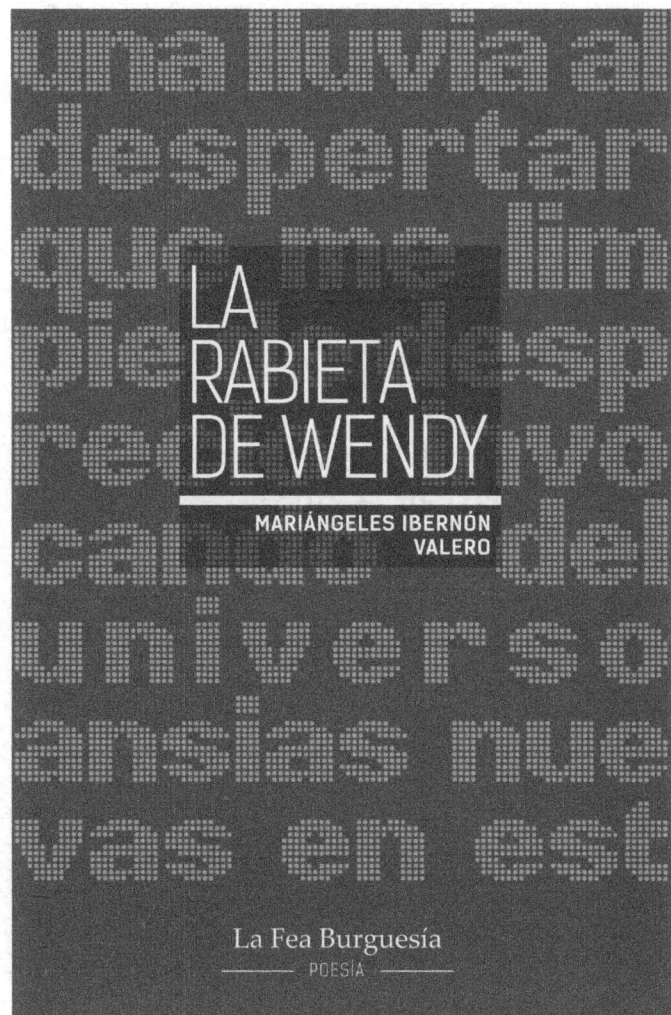

OTROS TÍTULOS

32. *A HOMBROS DE GIGANTES*
de ROSARIO GUARINO
Rústica con solapas, 70 páginas.
ISBN: 978-84-128591-4-0
PVP: 12,00 €

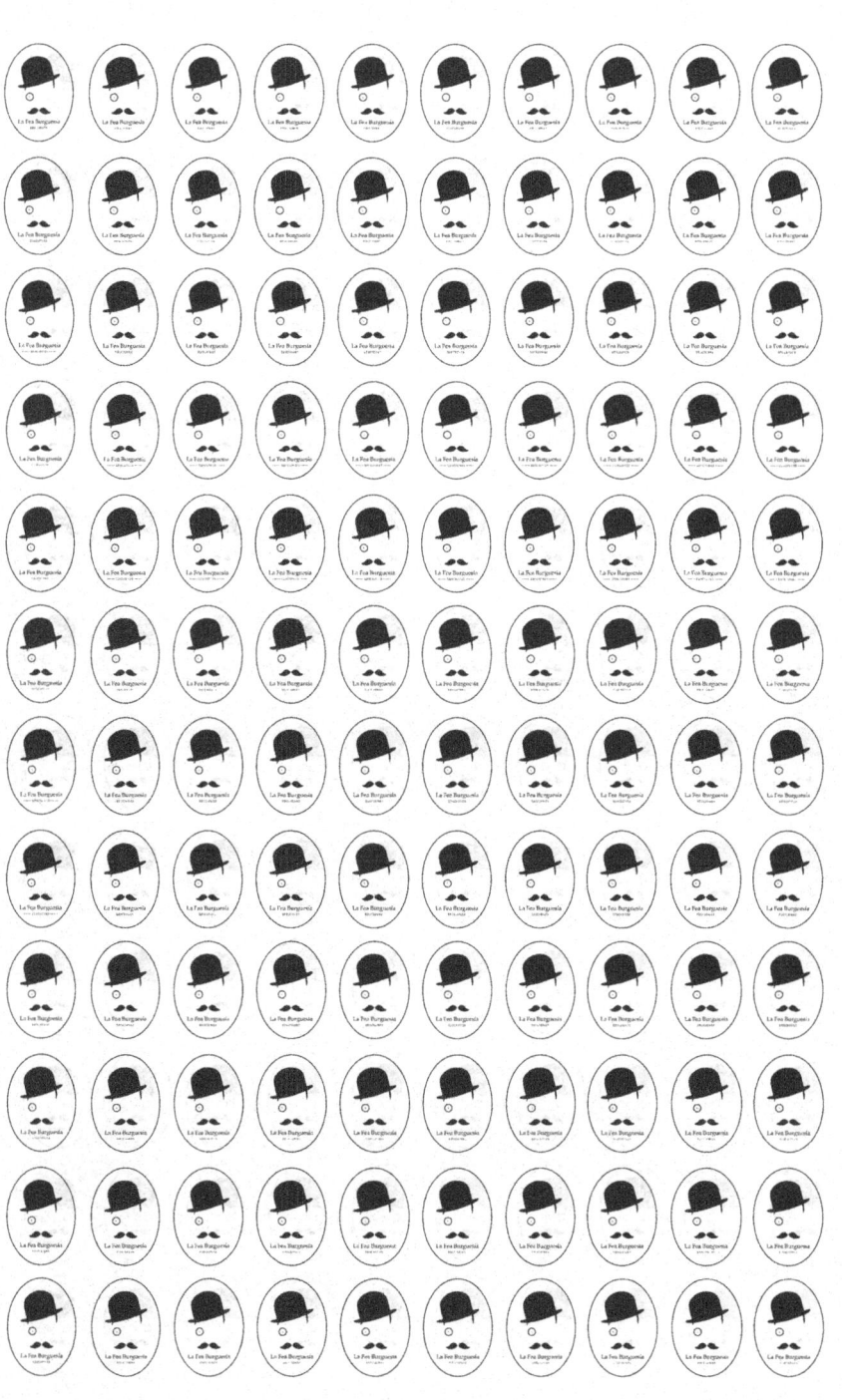

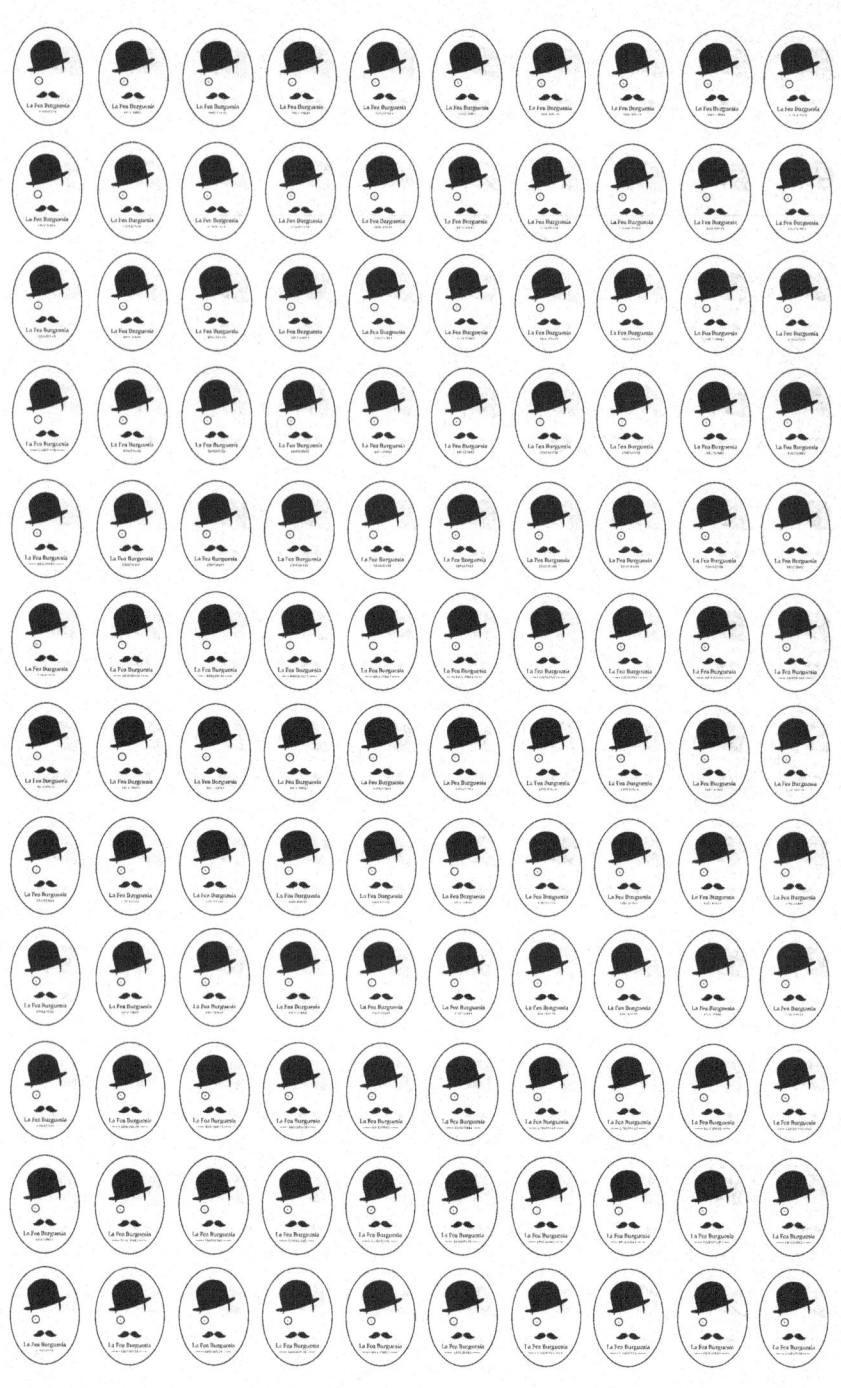